André Boccato & Estúdio CookLovers

terrines
salgadas e doces
receitas tradicionais, light e com ingredientes funcionais

cozinhar faz amigos

terrines
alta culinária francesa em interpretação para o gourmet moderno

♥ A terrine sempre foi considerada uma iguaria com status de alta culinária. Com sua pompa e nome francês (que significa exatamente "terrina", ou seja, o recipiente onde é preparada), este é um prato de apelo imediato aos olhos e ao paladar. Na culinária francesa clássica, as terrines demandam elaboração refinada e paciente, a exemplo da terrine de *foie gras* com trufas, de coelho com cogumelos selvagens, a de codorna e passas e a, clássica, de pato com laranja.

♥ A respeito da terrine, o veredicto mais comum costuma ser: trata-se de um prato sofisticado mas, infelizmente, de difícil execução na cozinha doméstica contemporânea. Permitindo o aproveitamento de ingredientes variados que, na tradição da cozinha camponesa da França, devem ser triturados, misturados, prensados na forma e, então, cozidos lentamente em banho-maria, as terrines costumam ser associadas a uma longa jornada na cozinha. Mas, para os Chefs e gourmets do século XXI, tudo isso deixou de ser uma regra absoluta e irredutível. Muito pelo contrário, a terrine pode ser adaptada, sem perder o charme, a uma série de receitas bem viáveis na cozinha do dia a dia.

♥ Para tanto, a coleção CookLovers se antecipou ao desafio e preparou uma série de receitas práticas, sofisticadas e inteligentes para poder se aventurar pelo universo das terrines. As formas da série CookLovers, feitas de silicone, facilitam o preparo destas receitas. Porém, asseguramos que o elenco de receitas presentes pode perfeitamente ser preparado em formas tradicionais, de cerâmica, vidro ou metal, com igual sucesso no resultado.

♥ A terrine moderna também adquiriu novos contornos e maior versatilidade nos ingredientes, sabores, consistência e, principalmente, nos novos métodos de preparo. Mas segue mantendo seu posto de honra e pode tranquilamente fazer papel principal em uma mesa refinada.

♥ Adaptada ao paladar moderno e saudável, a rústica terrine original de fígado, toucinho e gorduras de suíno deram lugar a composições bem mais light e digestivas, que levam ingredientes mais presentes nas nossas dispensas e geladeiras. Elas podem ser levíssimas, de textura sedosa, sabores bem variados, com peixes, verduras e legumes. E podem ser até doces, suaves e cremosas, como as que servem de vitrine para frutas coloridas, à base de gelatina.

♥ As terrines deste livro só não abrem mão dos temperos, das especiarias aromáticas e dos sabores fantásticos que caracterizam este prato. Nem tão pouco abre mão da filosofia pela praticidade e facilidade em seu preparo. Para um serviço em grande estilo, apresente sempre as terrines desenformadas: as salgadas, sobre um prato forrado de salada de folhas verdes e as doces, acompanhadas de creme de leite fresco batido, sorvete, ou de uma calda à base de fruta.

receitas em versão dupla
alimentos light e funcionais, os aditivos da saúde total

♥ Depois de criada, cada receita foi testada pela equipe de cozinha experimental Estúdio CookLovers. E, depois, novamente testada. As receitas CookLovers sempre propõem a substituição de alguns ingredientes por alternativas ainda mais saudáveis, sugerindo alimentos light e os chamados alimentos funcionais, em pó.

♥ E o que vêm a ser os "alimentos funcionais"? São os chamados alimentos naturais, preventivos e auxiliares no controle dos vários desequilíbrios que podem comprometer a saúde e a boa forma. Alguns deles, como certos grãos e cereais, castanhas, sementes e frutas secas, costumam figurar nas dietas mais modernas, como os compostos ou suplementos nutricionais (mix de farinhas e sementes, farelos e grãos muito ricos em fibra vegetal), complementos que ficaram conhecidos como "ração humana", ou melhor: o Alimento Funcional em Pó.

♥ Sob a consultoria da médica nutróloga Cristiane Coelho foi elaborada uma alternativa para cada receita, em versão balanceada e absolutamente light, e ainda muito mais saudável, em toda a coleção CookLovers. A mesma receita, porém com a indicação de suplementos funcionais e menos calóricos. Estas versões, light e com alimentos funcionais, se encontram em destaque ao final de cada receita.

André Boccato

André Boccato & Estúdio CookLovers

terrines

salgadas e doces

Cook ♥ Lovers

índice

terrine gelada crocante 6
macarrão enformado 8
terrine de legumes com queijo . . 12
terrine de pão doce 13
terrine de cenoura com ricota . . 16
terrine de ameixa 19
terrine de bolo 20
galantina de frango 23
terrine de mortadela 24
terrine de atum e ovos de codorna . 27
terrine de chocolate 30
terrine mousse de limão 31
terrine de batata e alho-poró . . 34
terrine de arroz 37
terrine de coco 38
terrine de peixe com espinafre . . 41
passo a passo 42
alimentos light, diet e funcionais 44
dicas para uma cozinha sustentável 47

terrine gelada crocante

ingredientes
- 1/2 pacote de biscoitos wafer de chocolate esmigalhado (83g)
- 1/2 colher (chá) de essência de laranja (1g)
- 2 colheres (sopa) de leite (28g)
- 1/3 de xícara (chá) de açúcar (57g)
- 1/2 xícara (chá) de castanhas-do-pará picadas (73g)
- 1L de sorvete de creme
- 1 tablete de chocolate ao leite (180g)
- 3 colheres (sopa) de creme de leite fresco (33g)
- manteiga e óleo para untar

modo de preparo
Unte a forma com óleo, forre com papel-manteiga e reserve. Regue os biscoitos wafer de chocolate com a essência misturada ao leite e reserve. Derreta o açúcar até obter uma calda, junte as castanhas e espalhe imediatamente sobre uma superfície untada com manteiga. Deixe esfriar e quebre com rolo de macarrão. Misture aos biscoitos e reserve. Espalhe uma camada da mistura de biscoitos na forma e cubra com um pouco do sorvete. Continue fazendo as camadas, terminando com os biscoitos. Cubra com papel-filme e leve ao freezer por 6 horas. Derreta o chocolate em banho-maria junto com o creme de leite e espere esfriar. Sirva com fatias da terrine.

rendimento: = 8 porções
tempo de preparo: 40 minutos
tempo de freezer: 6 horas

que tal utilizar ingredientes funcionais?
♥ Substitua o creme de leite por iogurte desnatado, na mesma quantidade.
♥ Acrescente 1 colher (sopa) de Alimento Funcional em Pó à mistura de biscoitos wafer (veja a receita na página 46).
♥ Substitua o leite comum por leite de soja, na mesma quantidade.

para ficar + light
♥ O chocolate ao leite, o creme de leite, os biscoitos wafer, o sorvete de creme e o leite podem ser substituídos pela versão light desses produtos.
♥ O açúcar pode ser substituído por adoçante culinário, na mesma quantidade, ou seguindo as recomendações da embalagem.

macarrão enformado

ingredientes
- 2 colheres (sopa) de azeite de oliva (22g)
- 1 cebola pequena picada (180g)
- 1/2 vidro de palmito picado (150g)
- 2 colheres (sopa) de amido de milho (20g)
- 1/2 xícara (chá) de leite (100ml)
- 2 envelopes de caldo de legumes em pó (18g)
- 1 xícara (chá) de creme de leite fresco (200ml)
- 2 colheres (sopa) de salsa picada (14g)
- 300g de talharim cozido
- sal a gosto
- margarina para untar

molho vermelho
- 2 colheres (sopa) de óleo (22g)
- 2 dentes de alho picados (4g)
- 2 colheres (sopa) de cebola picada (34g)
- 1 caixa de polpa de tomate (520g)
- 1 colher (sopa) de manjericão fresco ou desidratado (7g)
- sal e noz-moscada a gosto
- 1 colher (sopa) de açúcar (19g)

modo de preparo
Unte a forma com margarina e reserve. Refogue no azeite a cebola e o palmito, adicione o amido dissolvido no leite, mexendo sempre até engrossar. Junte o caldo de legumes, o creme de leite fresco e a salsa. Misture o macarrão ao molho de palmito. Coloque o macarrão na forma e leve ao forno em temperatura média (200°C) por cerca de 20 minutos.

molho vermelho
Em uma panela, aqueça o óleo e frite o alho e a cebola. Junte a polpa de tomate, o manjericão, sal, noz-moscada e açúcar. Sirva com o macarrão fatiado.

rendimento: = 8 porções
tempo de preparo: 40 minutos
tempo de forno: 20 minutos

que tal utilizar ingredientes funcionais?
♥ Substitua o creme de leite por iogurte desnatado, na mesma quantidade.
♥ Substitua o amido de milho por farinha de trigo integral, na mesma quantidade.
♥ Acrescente 1 colher (sopa) de Alimento Funcional em Pó à massa antes de colocá-la na forma (veja a receita na página 46).
♥ Substitua o talharim tradicional por talharim integral, na mesma quantidade.

para ficar + light
♥ O creme de leite, o leite e a margarina podem ser substituídos pela versão light desses produtos.
♥ O açúcar pode ser substituído por adoçante culinário, na mesma quantidade, ou seguindo as recomendações da embalagem.

terrine de legumes com queijo

receita na página 12

terrine de legumes com queijo

ingredientes
- 1 xícara (chá) de shitake picado e refogado (160g)
- 1 xícara (chá) de abóbora japonesa cozida e cortada em cubos pequenos (180g)
- 1 xícara (chá) de abobrinha cozida e cortada em cubos pequenos (135g)
- 1 xícara (chá) de alho-poró refogado (110g)
- 1 xícara (chá) de queijo de cabra firme, cortado em cubos pequenos (100g)
- 2 potes de cream cheese (300g)
- 2 colheres (sopa) de salsa picada (14g)
- sal e pimenta-do-reino a gosto
- 1 envelope de gelatina incolor sem sabor (12g)
- 1/2 xícara (chá) de leite (100ml)
- óleo para untar

modo de preparo
Unte a forma com óleo, forre com papel-manteiga e reserve. Em uma tigela, misture o shitake, a abóbora japonesa, a abobrinha, o alho-poró, o queijo de cabra, o cream cheese, a salsa, o sal e a pimenta-do-reino. Hidrate a gelatina no leite e leve ao banho-maria até dissolver. Junte ao creme de legumes, passe para a forma. Leve à geladeira por 4 horas. Desenforme e sirva com um molho para salada.

rendimento: = 8 porções
tempo de preparo: 1 hora
tempo de geladeira: 4 horas

que tal utilizar ingredientes funcionais?
♥ Acrescente 1 colher (sopa) de sementes de linhaça escura à mistura antes de colocá-la na forma.
♥ Acrescente 1 colher (sopa) de Alimento Funcional em Pó à mistura antes de colocá-la na forma (veja a receita na página 46).
♥ Substitua o cream cheese por iogurte desnatado, na mesma quantidade.

para ficar + light
♥ O leite e o cream cheese podem ser substituídos pela versão light desses produtos.

terrine de pão doce

ingredientes

- 2 xícaras (chá) de sobras de pão doce
- 1/2 xícara (chá) de geleia de frutas vermelhas (140g)
- 1 envelope de gelatina incolor sem sabor (12g)
- 1 xícara (chá) de leite (200ml)
- 1 xícara (chá) de creme de leite fresco (200ml)
- 1/2 xícara (chá) de açúcar de confeiteiro (65g)
- 1 colher (chá) de essência de baunilha (2g)

veja o vídeo do passo a passo no site
www.cooklovers.com.br

modo de preparo

Pique o pão em fatias. Reserve. Misture a geleia de frutas vermelhas com 1/3 de xícara (chá) de água. Reserve. Hidrate a gelatina em quatro colheres (sopa) de leite e reserve. À parte, misture o restante do leite, o creme de leite, o açúcar e leve ao fogo alto. Desligue quando ferver. Deixe esfriar um pouco e junte a gelatina hidratada, mexendo até dissolver. Coloque metade dessa mistura no fundo da forma molhada e leve à geladeira para endurecer. Espalhe as fatias de pão molhadas na geleia e acrescente o restante da mistura de leite. Leve à geladeira novamente e deixe gelar por mais 3 horas, desenforme e sirva.

rendimento: = 8 porções
tempo de preparo: 20 minutos
tempo de geladeira: 5 horas

que tal utilizar ingredientes funcionais?

♥ Substitua o creme de leite por iogurte desnatado, na mesma quantidade.
♥ Acrescente 1 colher (sopa) de Alimento Funcional em Pó à mistura de creme de leite (veja a receita na página 46).
♥ Substitua o pão doce tradicional por pão doce integral, na mesma quantidade.

para ficar + light

♥ O leite, a geleia e o creme de leite podem ser substituídos pela versão light desses produtos.

terrine de pão doce

◀ receita na página 13

terrine de cenoura com ricota

ingredientes
- 400g de ricota amassada
- 2/3 de xícara (chá) de creme de leite (134ml)
- 2 colheres (sopa) de molho de alho (22g)
- 1 cebola média bem picada (230g)
- 5 ovos médios batidos
- 2 cenouras raladas no ralo grosso (160g)
- 3 colheres (sopa) de uvas-passas escuras (57g)
- 200g de queijo fundido picado
- sal a gosto
- óleo para untar

modo de preparo
Unte a forma com óleo, forre com papel-manteiga e reserve. Em uma tigela, coloque a ricota, o creme de leite, o molho de alho, a cebola, o sal, os ovos, a cenoura, as uvas-passas, o queijo e sal. Coloque a massa na forma e leve ao forno em temperatura média (200°C) por cerca de 30 minutos. Sirva a terrine quente ou fria.

rendimento: = 8 porções
tempo de preparo: 20 minutos
tempo de forno: 30 minutos

que tal utilizar ingredientes funcionais?
♥ Substitua o creme de leite por iogurte desnatado, na mesma quantidade.
♥ Acrescente 1 colher (sopa) de Alimento Funcional em Pó à massa antes de colocá-la na forma (veja a receita na página 46).
♥ Acrescente 2 colheres (sopa) de macadâmias picadas à massa antes de colocá-la na forma.

para ficar + light
♥ O creme de leite pode ser substituído pela versão light desse produto.
♥ O queijo fundido pode ser substituído por cream cheese light, na mesma quantidade.

terrine de ameixa

ingredientes
- 1 xícara (chá) de açúcar (170g)
- 1 xícara (chá) de nozes picadas (80g)
- 1 bolo pronto de chocolate (250g)
- 1 lata de leite condensado (395g)
- 2 gemas médias peneiradas
- 2 e 1/2 colheres (sopa) de amido de milho (25g)
- 1 xícara (chá) de leite (200ml)
- 1 xícara (chá) de ameixas secas picadas (200g)
- óleo para untar

modo de preparo
Unte a forma com óleo, forre com papel-manteiga e reserve. Em uma panela, derreta o açúcar, junte as nozes picadas e misture rapidamente. Despeje o conteúdo em uma superfície untada com óleo ou manteiga e deixe esfriar. Quebre com um martelo ou rolo de massa. Reserve. Corte o bolo pronto em fatias e cubra todo o fundo e laterais da forma. Reserve. Em uma panela, coloque o leite condensado, as gemas, o amido dissolvido no leite, as ameixas e leve ao fogo, mexendo sempre, até engrossar. Despeje o creme de ameixas ainda quente na forma forrada com o bolo. Cubra com o crocante de nozes e espere esfriar. Leve à geladeira por 6 horas, desenforme, fatie e sirva a terrine gelada.

rendimento: 8 porções
tempo de preparo: 1 hora e 20 minutos
tempo de geladeira: 6 horas

que tal utilizar ingredientes funcionais?
♥ Substitua 1/2 xícara (chá) de farinha de trigo por sementes moídas de linhaça escura.
♥ Acrescente 2 colheres (sopa) de Alimento Funcional em Pó à massa antes de colocá-la na forma (veja a receita na página 46).
♥ Substitua o leite comum por leite de soja, na mesma quantidade.

para ficar + light
♥ O leite, a margarina e o leite de coco podem ser substituídos pela versão light desses produtos.
♥ O açúcar da massa pode ser substituído por adoçante culinário, na mesma quantidade, ou seguindo as recomendações da embalagem.
♥ Sirva o bolo sem a cobertura.

terrine de bolo

ingredientes
- 3 xícaras (chá) de bolo de chocolate esfarelado (190g)
- 1/4 de xícara (chá) de licor de cacau (50ml)
- 180g de chocolate branco
- 180g de chocolate ao leite
- 180g de chocolate amargo
- 1 e 1/2 xícara (chá) de creme de leite (300ml)
- 2 envelopes de gelatina incolor sem sabor (24g)

cobertura
- 2/3 de xícara (chá) de creme de leite fresco (134ml)
- 1 xícara (chá) de açúcar (170g)
- 2/3 de xícara (chá) de cacau em pó (37g)
- 1 envelope de gelatina incolor sem sabor (12g)

modo de preparo
Umedeça o bolo esfarelado com o licor de cacau e reserve. Derreta os três chocolates, separadamente, no micro-ondas ou banho-maria. Adicione 1/2 xícara (chá) de creme de leite em cada um, misture e reserve. Hidrate a gelatina em 1/2 xícara (chá) de água e leve ao micro-ondas por 35 segundos para dissolver. Misture metade da gelatina no chocolate branco, 1/4 no chocolate ao leite e 1/4 no chocolate meio amargo. Na forma, espalhe o chocolate branco, coloque metade da mistura de bolo e leve à geladeira por 1 hora. Retire, espalhe o chocolate ao leite, a mistura de bolo restante e leve à geladeira por mais 1 hora. Retire, espalhe o chocolate amargo e leve a geladeira novamente por mais 2 horas. Retire, desenforme e sirva com a cobertura.

cobertura Em uma panela, ferva o creme de leite, 3/4 de xícara (chá) de água e o açúcar. Acrescente o cacau e misture cuidadosamente para dissolver o chocolate sem formarem bolhas de ar. Caso formem carocinhos de chocolate, passe a mistura por uma peneira. Hidrate a gelatina em quatro colheres (sopa) de água, leve ao micro-ondas por 25 segundos e acrescente à mistura de leite e cacau. Coloque essa mistura em uma tigela pequena, dentro de uma tigela maior com gelo e vá mexendo para que engrosse um pouco. Quando estiver consistente, jogue por cima da terrine desenformada e apoiada em uma grade para que o excesso da cobertura escorra. Leve à geladeira por 2 horas, retire e sirva.

rendimento: = 8 porções
tempo de preparo: 30 minutos
tempo de geladeira: 6 horas

que tal utilizar ingredientes funcionais?
♥ Substitua o creme de leite por iogurte desnatado, na mesma quantidade.
♥ Acrescente 1 colher (chá) de sementes de linhaça escura em cada creme de chocolate (branco, ao leite e amargo).
♥ Acrescente 1 colher (chá) de Alimento Funcional em Pó em cada creme de chocolate (branco, ao leite e amargo) (veja a receita na página 46).

para ficar + light
♥ O bolo de chocolate, o creme de leite, o chocolate branco e ao leite podem ser substituídos pela versão light desses produtos.
♥ O açúcar pode ser substituído por adoçante culinário, na mesma quantidade, ou seguindo a recomendação da embalagem.

galantina de frango

ingredientes
- 1 envelope de gelatina incolor sem sabor (12g)
- 1 envelope de caldo de galinha em pó (9g)
- 1 xícara (chá) de cenoura cortada em rodelas e cozida com sal (135g)
- 4 galhos de salsa (20g)
- 1 xícara (chá) de peito de frango temperado, cozido e desfiado (145g)
- 1 e 1/2 xícara (chá) de vagem picada e cozida com sal (165g)
- 10 azeitonas verdes recheadas cortadas em rodelas (90g)
- 1/2 xícara (chá) de palmito em rodelas (65g)
- 1/2 xícara (chá) de ervilhas (55g)
- 1/2 xícara (chá) de milho (58g)

modo de preparo
Hidrate a gelatina em 1/2 xícara (chá) de água e leve ao banho-maria para dissolver. Acrescente mais 500ml de água fria e junte o caldo de galinha. Na forma, coloque as cenouras e a salsa. Despeje um pouco do caldo de galinha e leve ao freezer para endurecer, sem congelar. Misture o frango com a vagem e coloque sobre a parte firme. Despeje mais um pouco do caldo e volte ao freezer para endurecer novamente. Finalize com as azeitonas, o palmito e o restante do caldo. Leve à geladeira até firmar a parte de cima. Desenforme e decore com as ervilhas e o milho.

rendimento: = 8 porções
tempo de preparo: 20 minutos
tempo de freezer: 35 minutos
tempo de geladeira: 3 horas

que tal utilizar ingredientes funcionais?
♥ Acrescente 1 colher (sopa) de sementes de linhaça dourada ao caldo antes de colocá-lo na forma.

♥ Acrescente 1 colher (sopa) de Alimento Funcional em Pó à mistura de frango com vagem (veja a receita na página 46).

♥ Acrescente à terrine, junto com a cenoura e a salsa, 1 xícara (chá) de acelga picada e cozida no vapor.

para ficar + light
♥ Para diminuir as calorias da receita, retire as azeitonas e aumente a quantidade de palmito em 1/2 xícara (chá).

terrine de mortadela

ingredientes
- 350g de ricota amassada
- 1/2 xícara (chá) creme de leite (90g)
- 1 e 1/2 xícara (chá) de cenoura ralada (200g)
- sal a gosto
- 350g de mortadela fatiada finamente
- 2 xícaras (chá) de rúcula (48g)

modo de preparo
Misture a ricota, o creme de leite, a cenoura ralada e tempere com sal. Reserve. Forre a forma com as fatias de mortadela. No fundo, acrescente metade da mistura de ricota e da rúcula. Forre com mais um pouco de mortadela e acrescente a mistura de ricota e a rúcula restantes. Feche com a mortadela em fatias e leve à geladeira. Deixe gelar por 4 horas, desenforme e sirva fatiada.

rendimento: = 8 porções
tempo de preparo: 20 minutos
tempo de geladeira: 4 horas

que tal utilizar ingredientes funcionais?
♥ Substitua o creme de leite por iogurte desnatado, na mesma quantidade.
♥ Acrescente 1 colher (sopa) de Alimento Funcional em Pó à mistura de ricota (veja a receita na página 46).
♥ Acrescente 2 colheres (sopa) de salsa picada à mistura de ricota.

para ficar + light
♥ O creme de leite pode ser substituído pela versão light desse produto.
♥ A mortadela pode ser substituída por peito de peru defumado, na mesma quantidade.

terrine de atum e ovos de codorna

ingredientes
- 12 ovos médios de codorna
- 4 latas de atum (680g)
- 2 colheres (sopa) de alcaparras picadas (40g)
- 3 colheres (sopa) de cebolinha picada a gosto (9g)
- 3 colheres (sopa) de maionese (90g)
- sal a gosto
- 1 envelope de gelatina incolor sem sabor (12g)
- 1/2 envelope de caldo de legumes em pó (4,5g)

modo de preparo
Cozinhe os ovos de codorna, descasque-os, corte-os ao meio no sentido do comprimento e reserve. Misture o atum com as alcaparras, a cebolinha, a maionese e tempere com sal. Hidrate a gelatina em 1/2 xícara (chá) de água e leve ao micro-ondas por 25 segundos para dissolver. Acrescente a gelatina na mistura de atum junto com o caldo de legumes. Na forma, coloque metade da mistura de atum com a gelatina, espalhe os ovos de codorna e cubra com a mistura restante. Deixe gelar por 4 horas e sirva.

rendimento: = 8 porções
tempo de preparo: 40 minutos
tempo de geladeira: 4 horas

que tal utilizar ingredientes funcionais?
♥ Substitua a maionese por iogurte desnatado, na mesma quantidade.
♥ Acrescente 1 colher (sopa) de gergelim branco à mistura de atum antes de colocá-la na forma.
♥ Acrescente 1 colher (sopa) de Alimento Funcional em Pó à mistura de atum antes de colocá-la na forma (veja a receita na página 46).

para ficar + light
♥ O atum e a maionese podem ser substituídos pela versão light desses produtos.

terrine de chocolate

receita na página 30 ▶

terrine de chocolate

ingredientes
- 600g de doce de leite com consistência firme
- 1 e 1/2 lata de creme de leite (400g)
- 6 colheres (sopa) de chocolate em pó (110g)
- 3 embalagens de bolinhos de baunilha com recheio de chocolate (120g)
- 3/4 de xícara (chá) de leite (150g)
- óleo para untar

modo de preparo
Unte a forma com óleo, forre com papel-manteiga e reserve. Bata o doce de leite, o creme de leite e o chocolate em pó até ficar uma mistura cremosa. Corte os bolinhos ao meio, umedeça no leite e reserve. Coloque uma porção do creme de chocolate na forma. Distribua a metade dos bolinhos. Coloque o restante do creme de chocolate e dos bolinhos. Cubra com mais papel-manteiga e leve ao freezer por 6 horas. Desenforme, corte em fatias e sirva.

rendimento: = 8 porções
tempo de preparo: 30 minutos
tempo de freezer: 6 horas

que tal utilizar ingredientes funcionais?
♥ Substitua o creme de leite por iogurte desnatado, na mesma quantidade.
♥ Acrescente 1 colher (sopa) de Alimento Funcional em Pó à mistura de doce de leite (veja a receita na página 46).
♥ Substitua o leite comum por leite de soja, na mesma quantidade.

para ficar + light
♥ O leite, o creme de leite e o doce de leite podem ser substituídos pela versão light desses produtos.
♥ A chocolate em pó pode ser substituído por cacau em pó, que não contém açúcar.

terrine mousse de limão

ingredientes
- 1 envelope de gelatina incolor sem sabor (12g)
- 1 lata de leite condensado (395g)
- 1/2 xícara (chá) de creme de leite (100ml)
- 3/4 de xícara (chá) de suco de limão (150ml)
- 1 colher (sopa) de raspas de limão (3g)
- 2 xícaras (chá) de chantilly pronto (136g)
- 1/2 pacote de biscoito tipo maisena (100g)

veja o vídeo do passo a passo no site
www.cooklovers.com.br

modo de preparo
Hidrate a gelatina em 4 colheres (sopa) de água e leve ao micro-ondas por 25 segundos para dissolver. Misture a gelatina com o leite condensado, o creme de leite, o suco de limão e as raspas. Acrescente o chantilly e misture para a massa ficar homogênea. Na forma, coloque metade da mistura e leve à geladeira por cerca de 1 hora ou até endurecer um pouco. Retire, coloque metade dos biscoitos inteiros e o restante da mistura. Leve à geladeira por mais 1 hora para endurecer. Acrescente o restante dos biscoitos e deixe na geladeira por aproximadamente 4 horas. Retire, desenforme e sirva.

rendimento: = 8 porções
tempo de preparo: 20 minutos
tempo de geladeira: 6 horas

que tal utilizar ingredientes funcionais?
♥ Substitua o creme de leite por iogurte desnatado, na mesma quantidade.
♥ Acrescente 1 colher (sopa) de Alimento Funcional em Pó à mistura de limão antes de colocá-la na forma (veja a receita na página 46).
♥ Substitua o biscoito tipo maisena por biscoito doce integral, na mesma quantidade.

para ficar + light
♥ O leite condensado, o creme de leite, o chantilly e o biscoito podem ser substituídos pela versão light desses produtos (veja a receita do leite condensado light na página 46).

terrine mousse de limão

receita na página 31

terrine de batata e alho-poró

ingredientes
- 4 batatas descascadas (600g)
- 1 caixinha de creme de leite (200g)
- 1/2 xícara (chá) de leite (100ml)
- 2 ovos médios
- noz-moscada e sal a gosto
- 1 alho-poró cortado em fatias finas (130g)
- margarina para untar

modo de preparo
Unte a forma com margarina e reserve. Corte as batatas em fatias bem finas e reserve dentro da água. À parte, misture o creme de leite, o leite, os ovos e tempere com noz-moscada e sal. Reserve. Na forma, espalhe um pouco das batatas escorridas, um pouco do alho-poró e da mistura reservada. Vá fazendo camadas até terminarem os ingredientes. Leve ao forno em temperatura média (200°C) por cerca de 30 minutos, ou até que as batatas estejam macias. Retire do forno, deixe amornar e sirva.

rendimento: = 8 porções
tempo de preparo: 20 minutos
tempo de forno: 30 minutos

que tal utilizar ingredientes funcionais?
♥ Substitua o creme de leite por iogurte desnatado, na mesma quantidade.
♥ Acrescente 1 colher (sopa) de Alimento Funcional em Pó à mistura de ovos (veja a receita na página 46).
♥ Polvilhe 1 colher (sopa) de fibra de trigo sobre a terrine antes de levá-la ao forno.

para ficar + light
♥ O creme de leite e o leite podem ser substituídos pela versão light desses produtos.

terrine de arroz

ingredientes
- 4 xícaras (chá) de arroz cozido (540g)
- 1 xícara (chá) de bacon cortado em cubos (130g)
- 1 cebola média picada (230g)
- 2 dentes de alho picados (4g)
- 4 colheres (sopa) de salsa picada (28g)
- 2 ovos médios
- 1 abobrinha fatiada em rodelas finas (135g)
- sal e pimenta-do-reino a gosto
- margarina para untar

modo de preparo
Unte com margarina a forma e reserve. Caso o arroz esteja frio, aqueça-o um pouco para depois triturar no processador de alimentos, formando uma massa. À parte, frite o bacon na própria gordura até ficar crocante e reserve. No óleo do bacon frito, refogue a cebola e o alho até murchar. Retire da panela, acrescente na massa de arroz e amasse bem. Acrescente a salsa, o bacon, os ovos e amasse até atingir ponto de fazer bolinhos com a mão. Tempere com sal, pimenta e reserve. Na forma, faça camadas de massa de arroz e de abobrinha em rodelas, até acabarem os ingredientes. Leve ao forno em temperatura média (200°C) por cerca de 30 minutos. Retire, deixe esfriar um pouco e sirva.

rendimento: = 8 porções
tempo de preparo: 40 minutos
tempo de forno: 30 minutos

que tal utilizar ingredientes funcionais?
♥ Acrescente 1 colher (sopa) de sementes de linhaça dourada à massa antes de colocá-la na forma.
♥ Acrescente 1 colher (sopa) de Alimento Funcional em Pó à massa antes de colocá-la na forma (veja a receita na página 46).
♥ Substitua o arroz branco por arroz integral, na mesma quantidade.

para ficar + light
♥ Substitua o bacon por peito de peru, na mesma quantidade. Nesse caso, frite o peito de peru com 1/2 colher (sopa) de margarina light.

terrine de coco

ingredientes
- 1/4 de pacote de rosquinhas de coco (125g)
- 2 colheres (sopa) de manteiga (25g)
- 1 lata de leite condensado (395g)
- 1 caixinha de creme de leite (200g)
- 1/2 xícara (chá) de leite de coco (100ml)
- 1 envelope de gelatina incolor sem sabor (12g)
- coco ralado para decorar

modo de preparo
Triture as rosquinhas no processador de alimentos, passe para uma tigela, acrescente a manteiga e vá misturando com as pontas dos dedos até virar uma farofa. Forre o fundo da forma com a farofa e leve ao forno em temperatura média por, aproximadamente, 20 minutos. Retire e deixe esfriar. À parte, misture o leite condensado, o creme de leite e o leite de coco. Hidrate a gelatina em quatro colheres (sopa) de água, leve ao micro-ondas por 25 segundos e adicione à mistura. Despeje sobre a massa e leve à geladeira por 4 horas. Desenforme, decore com o coco ralado e sirva.

rendimento:  = 8 porções
tempo de preparo: 20 minutos
tempo de forno: 20 minutos
tempo de geladeira: 4 horas

que tal utilizar ingredientes funcionais?
♥ Substitua o creme de leite por iogurte desnatado, na mesma quantidade.

♥ Acrescente 1 colher (sopa) de Alimento Funcional em Pó às rosquinhas trituradas antes de acrescentar a manteiga (veja a receita na página 46).

♥ Acrescente 1 colher (sopa) de extrato de soja à mistura de leite de coco antes de colocá-la na forma.

para ficar + light
♥ O leite de coco, as rosquinhas, o leite condensado e o creme de leite podem ser substituídos pela versão light desses produtos (veja a receita do leite condensado light na página 46).

♥ A manteiga pode ser substituída por margarina light, na mesma quantidade.

terrine de peixe com espinafre

passo a passo da receita na página 42

ingredientes
- 1 maço de espinafre (só as folhas) (180g)
- 1 cebola picada (230g)
- 500g de filé de merluza
- 3 claras médias
- 1 colher (sopa) de suco de limão (10g)
- 1 colher (sopa) de salsa picada (7g)
- 1 colher (chá) de raspas de limão (menos de 1g)
- sal e molho de pimenta a gosto
- 1 xícara (chá) de creme de leite fresco (200ml)
- óleo para untar

modo de preparo
Unte a forma com óleo e reserve. Cozinhe as folhas de espinafre no vapor e forre o fundo e as laterais da forma com uma parte das folhas cozidas. Reserve. No processador de alimentos, coloque a cebola, a merluza e as claras. Triture até a mistura ficar homogênea. Transfira para uma tigela e misture o suco de limão, a salsa, as raspas de limão, sal, molho de pimenta e o creme de leite. Despeje metade dessa mistura na forma forrada, coloque o espinafre restante sobre a mistura de peixe e cubra com a mistura restante. Leve ao forno em temperatura média (200°C) por cerca de 30 minutos. Desenforme e sirva quente.

rendimento: = 8 porções
tempo de preparo: 30 minutos
tempo de forno: 30 minutos

que tal utilizar ingredientes funcionais?
♥ Substitua o creme de leite por iogurte desnatado, na mesma quantidade.
♥ Acrescente 1 colher (sopa) de sementes moídas de linhaça escura à mistura de peixe antes de colocá-la na forma.
♥ Acrescente 1 colher (sopa) de Alimento Funcional em Pó à mistura de peixe antes de colocá-la na forma (veja a receita na página 46).

para ficar + light
♥ O creme de leite pode ser substituído pela versão light desse produto.

passo a passo
terrine de peixe com espinafre

1 - Coloque as folhas de espinafre na panela a vapor.

2 - Cozinhe até que as folhas murchem.

3 - Unte a forma com óleo e forre o fundo e as laterais com parte das folhas de espinafres cozidas.

4 - Depois de forrar totalmente a forma com folhas de espinafre, reserve-a.

5 - Coloque a cebola no processador de alimentos.

6 - Adicione a merluza picada.

7 - Acrescente as claras e bata bem até formar uma massa.

8 - Transfira a massa para uma tigela e junte o suco de limão.

9 - Coloque a salsa picada.

10 - Adicione as raspas de limão.

11 - Tempere com molho de pimenta.

12 - Acrescente sal a gosto.

13 - Por último, coloque o creme de leite.

14 - Mexa para misturar todos os ingredientes.

15 - Despeje metade da massa na forma reservada.

16 - Espalhe e alise a massa.

17 - Distribua folhas de espinafre cozidas sobre a massa até cobri-la.

18 - Coloque a massa restante na forma.

19 - Espalhe e alise a massa novamente.

20 - Distribua as folhas de espinafre restantes para cobrir a superfície.

21 - Leve ao forno em temperatura média (200°C) por 30 minutos.

o mundo moderno exige que você entenda as diferenças nutricionais!

veja as receitas na página 46 ▶

alimentos light, diet e funcionais

♥ Você leu este livro e já conhece essas diferenças? Ótimo, você pode passar direto para as receitas, escolhendo o jeito que será todo seu de preparar o prato escolhido – porque receita sempre depende, em boa medida, do modo de quem faz, não é?

♥ Sabemos que a criatividade e o estilo de cada um sempre passam para cada receita: muitas vezes, ela é somente uma referência, uma forma de nos dar uma inspiração, um caminho a ir em frente. Foi para isso que fizemos este livro, para que ele seja como uma fonte de inspiração. Porém, para muitos, talvez ainda seja necessário explicar e destrinchar as importantes diferenças entre os ingredientes salientados: light, diet e funcionais.

♥ Para começar, não confundir light com diet: os produtos que levam a menção light são aqueles que têm redução mínima de 30% no valor calórico total da porção. Já os produtos diet são os que não contêm nada de açúcar e são indicados para pessoas que não podem consumi-lo. Mas atenção: isso não significa que os produtos diet sejam menos calóricos! Esse detalhe merece toda a atenção, não é? O sorvete diet, por exemplo, apresenta mais calorias que a versão normal; o chocolate diet, em algumas fabricações, também pode conter um valor em calorias superior à versão normal, ou seja, a que leva açúcar.

♥ Visto isso, quando fornecemos neste livro uma versão light da receita, estamos apenas sugerindo que você utilize ingredientes com essa chancela oficial (menos calorias que a fórmula inicial). Lembrando que tal sugestão não impõe uma dieta: serve apenas como curiosidade, se você quiser fazer uma restrição calórica.

♥ Mas e agora isso, de "alimentos funcionais"? Este termo bastante recente é utilizado para destacar alguns ingredientes, naturais ou industrializados que, quando utilizados corretamente, "ajudam" ou são mais eficientes que outros, na função de nutrir corretamente. Eis a razão para o termo: porque são de fato mais "funcionais". Exemplo: todas as fibras são mais funcionais, porque elas são essenciais ao bom funcionamento do aparelho digestivo, e a maioria da alimentação moderna, industrializada e pasteurizada, é desprovida de fibras vegetais. Por isso também é que os médicos costumam recomendar, por exemplo, farinha integral em vez da farinha branca normal.

♥ Você encontrará tudo isso nas opções de receitas do livro, como dicas de substituição de alguns ingredientes, ou adição de outros, que contenham uma espécie de mix de nutrientes "funcionais". Assim, introduzimos ingredientes ainda pouco conhecidos, ou pouco utilizados, justamente para incentivar você a ter uma nutrição mais completa e equilibrada. Mas é só uma dica! Não temos a intenção nesta coleção CookLovers de fazer um produto voltado às dietas, ou à restrição alimentar. Mas não custa dar boas dicas e apontar o lado mais saudável em relação aos prazeres da mesa. Portanto, apenas lembramos que se você puder ou quiser, vá aos poucos substituindo os produtos e ingredientes conhecidos por esses, que seguramente trarão melhor resultado nutricional, sem tirar o sabor de nada!

♥ Para completar, facilitamos ainda mais esse caminho para você: criamos uma receita que sintetiza vários componentes alimentares. Se você tiver um pouco mais de tempo, sugerimos que prepare também a receita básica do Alimento Funcional em Pó (também conhecido como "ração humana"). O Alimento Funcional em Pó vem a ser nada mais que uma composição de vários ingredientes ricos em fibras, carboidratos e vitaminas, combinados e preparados em uma espécie de farinha enriquecida. Na hora de preparar uma receita CookLovers, bastará substituir um pouco das farinhas normais por esse mix em pó. Muito fácil de fazer em casa, o Alimento Funcional em Pó pode ser guardado em um pote, pois tem longa conservação e pode ser utilizado em determinadas ocasiões, ou para uso geral.

♥ Por fim, uma palavra ainda, ou lembrete, também importante: se possível, introduza em seus hábitos alimentares os produtos orgânicos! Como eles, atualmente, têm que apresentar certificado e estão sob o controle dos órgãos agrícolas, terão uma procedência confiável e estão seguramente livres de agrotóxicos e produtos nocivos à saúde.

♥ E, agora sim, a dica essencial e final: ser um amante da gastronomia combina com cozinha sustentável. O que é isso? Bem, então vamos na próxima página para ler um pouco sobre esse tema importantíssimo e fundamental nos dias de hoje!

leite condensado light

ingredientes
- 1 xícara (chá) de leite em pó desnatado (60g)
- 1/2 xícara (chá) de água fervente (100ml)
- 1/2 xícara (chá) de adoçante culinário (10g)
- 1 colher (sopa) de margarina Becel sem sal (25g)

modo de preparo
Misture todos os ingredientes muito bem e armazene essa mistura em potes plásticos opacos, ou em vidros bem fechados, em local seco e arejado.

rendimento: 742g de produto
tempo de preparo: 10 minutos

alimento funcional em pó

ingredientes
- 20g de mamão seco triturado (liofilizado)
- 20g de abacaxi seco triturado (liofilizado)
- 20g de maçã seca triturada (liofilizada)
- 20g de banana seca triturada (liofilizada)
- 100g de farinha de linhaça estabilizada
- 100g de farelo de aveia
- 100g de fibra de trigo
- 100g de gérmen de trigo
- 75g de extrato de soja sem açúcar
- 50g de quinua em flocos
- 50g de semente de gergelim com casca
- 25g de cacau em pó
- 25g de levedo de cerveja em pó
- 25g de farinha de maracujá
- 12g de gelatina em pó incolor sem sabor

modo de preparo
Misture todos os ingredientes muito bem e armazene essa mistura em potes plásticos opacos, ou em vidros bem fechados, em local seco e arejado.

rendimento: 742g de produto
tempo de preparo: 10 minutos

dicas para uma cozinha sustentável

vivemos em um mundo repleto de oportunidades e desenvolvimento tecnológico, mas o preço é uma eterna responsabilidade por aquilo que fazemos ao nosso planeta

♥ Fiéis ao conceito CookLovers, que é o conceito daqueles que adoram a gastronomia, não poderíamos deixar de ser coerentes com a atual mensagem de preservação do meio ambiente e de práticas sustentáveis. A boa notícia é que a atitude de responsabilidade para nossa casa-planeta não é nada difícil de se aplicar na cozinha do cotidiano.

♥ Primeiramente, algumas sugestões iniciais e muito básicas:

- Planeje suas compras. Nada pior que o desperdício: faça lista de compras e seja consciente do que realmente necessita adquirir.
- No supermercado, procure produtos preferencialmente orgânicos: eles são mesmo mais caros, mas protegem não só o planeta, como também sua saúde.
- Que tal voltar a usar as antigas sacolas para carregar compras? As sacolinhas de plástico sozinhas parecem tão fininhas, inofensivas... Mas como são bilhões, estão virando vilãs da poluição, entre outros descartes e resíduos. Parece pouco, mas é que "você pode fazer" – e esse pouco faz diferença, quando somos milhares de pessoas fazendo a diferença!
- Procure se informar sobre a origem dos produtos que você consome. Entre nos sites, veja quais empresas têm uma política de reciclagem, defesa do meio ambiente. Afinal, é sempre bom você saber o que está comendo!

♥ Mas, e na prática, como fica? A sustentabilidade tem que ser praticada diariamente. Portanto, organize-se: Reduza, Recicle, Reutilize são os famosos três R do ambientalismo. Reduza o consumo de luz, água e gás, com atitudes muito simples, tais como:

- Afaste bem o fogão da geladeira, assim ela não perde tanto o frio de sua temperatura e consome menos, porque não precisa "trabalhar" tanto.
- Água de lavagem de pratos é um grande desperdício: não deixe a torneira aberta, coloque a louça suja na pia e ensaboe tudo de uma vez, só voltando a utilizar a água no momento de enxaguar.
- Tem sobras de alimentos? Sobrou o quê? As cascas e talos podem ser utilizados em ótimas receitas, os pratos não consumidos podem virar sopas, suflês, omeletes... Exerça sua criatividade! Nada de jogar fora!
- Tem coleta de lixo reciclado em sua casa ou apartamento? Exija isso! Cada ser humano produz em média uma tonelada de lixo por ano, sabia? Temos que fazer algo a respeito e no mínimo praticar a coleta seletiva, certo?
- Não jogue óleo na pia, pois causa entupimentos na rede de esgoto. Armazene o óleo utilizado em garrafas de plástico e entregue-o em postos de coleta (em geral, grandes supermercados prestam esse serviço).

♥ Há mais uma porção de pequenas atitudes que, com um pouco de participação e boa vontade, são bem simples de realizar. Como diz o ditado: "de grão em grão a galinha enche o papo"; assim funciona também com a prática sustentável.

Rua Valois de Castro, 50 - Vila Nova Conceição
04513-090 - São Paulo - SP - Brasil
Tel.: 11 3846-5141 - contato@boccato.com.br
www.boccato.com.br - www.cooklovers.com.br

© Editora Boccato / CookLovers

edição André Boccato

coordenação editorial Manon Bourgeade / Maria Aparecida C. Ramos

assistente editorial Lucas W. Schmitt

coordenação administrativa Daniela Bragança

elaboração das receitas Aline Maria Terrassi Leitão

cozinha experimental Ciene Cecilia da Silva / Henrique Cortat

fotografias Cristiano Lopes / Emiliano Boccato

fotografias contra capa (2-3 e 5) Shutterstock

produção fotográfica Airton G. Pacheco

diagramação Arturo Kleque G. Neto / Lucas W. Schmitt / Manon Bourgeade

tratamento de imagens Arturo Kleque G. Neto

revisão Maria Luiza Momesso Paulino

diretor comercial Marcelo Nogueira

colaboração Carla Mariano / Cristiane Coelho Ognibene / Fernando Aoki / Jezebel Salem / Renata Martins / Rogério Barracho

As fotografias das receitas deste livro são ensaios artísticos, não necessariamente reproduzindo as proporções e realidade das receitas, as quais foram criadas e testadas pelos autores, porém sua efetiva realização será sempre uma interpretação pessoal dos leitores.

Dados Internacionais de Catalogação na Publicação (CIP)
(Câmara Brasileira do Livro, SP, Brasil)

Boccato, André
  Terrines : salgados e doces : receitas com alternativas de ingredientes funcionais e light / André Boccato & Estúdio Cooklovers. --
São Paulo : Editora Boccato, 2010.

  1. Culinária 2. Doces (Culinária) 3. Receitas 4. Salgados (Culinária) I. Estúdio Cooklovers. II. Título.

10-09292   CDD-641.5

Índices para catálogo sistemático:
1. Terrines : Receitas : Culinária 641.5

Peças e objetos das fotografias

Art Mix, Bontempo Móveis, Cecília Dale, Jorge Elias Boutique, M. Dragonetti Utensílios de Cozinha, Nelise Ometto Atelier de Cerâmica, Pepper, Porcelana Schmidt, Presentes Mickey, Roberto Simões Presentes, Spicy, Stella Ferraz Cerâmica e Suxxar.